I0443127

A SPECIAL REQUEST

Hey there ! Thank you so much for you purchase .
As you know we put a lot of work in the making of such books.
So you could leave us a review on Amazon, we would really appreciate that.

BRAIN RIVER PUBLISHERS

Puzzle #1

		1	6			7		
6				7	3		1	5
		3						6
		8				3	9	
			1			5		
				9		2	7	
3		2					4	
	7					9		
8		9		4				

Puzzle #2

							4	
			7	8				
			6		2			9
	8	1				3		2
	3						9	
				3	1			7
1								
		5		4		2		
		2	8		6			1

Puzzle #3

		8	1			4		9
7			9		3			
		3		8	5			7
			8		2			1
9			5					
		6						
1	5					2	7	
		2	3			1		
								5

Puzzle #4

7	6							
	5			2			6	
2		9	3			8		
				7	2			
		3			1			9
	7		5					
5					6			3
1			7					
			1	4		9		

Puzzle #5

9		1			7			
				1				4
		5				3		
							8	
		4	1		9		5	
2						4		
4			5		2			1
	8							3
		6			3		4	7

Puzzle #6

							9	
			6			7		5
1					8			
	8	9	2	6			7	
				7		8		
5		7						6
7			8		5	3		
	3		7				2	
		4						

Puzzle #7

	1				7			
	6	3						5
8			3	1	2	7		
				2		3	4	7
			6	4				9
				5	1			
6							8	
						2		3
			1					

Puzzle #8

4			5		9			
3		7						
				1		9		
7	8		3					2
		6			1			9
							7	
2	5						9	7
				2				
		4			6		2	1

Puzzle #9

8								
	3	1		6				
	5					8	7	
	1	9				6	3	
7		6		5				
5						4		
		8	4					
	9				1		8	4
						7		2

Puzzle #10

	2					7	5	
		5	8				2	
	3				1	9		
			1					
4			6					
					5	3		2
1				8				
			4				8	6
	9		2					

Puzzle #11

			8			6		9
			4	1			3	
		9			3			
7	5				4			8
			3				1	6
		2	9					
		1						4
		7	2					
3	6				5			

Puzzle #12

			3	7		4		1
	3							
6								2
		7						
					2	7		8
	1	8				9		
			2			1	9	
4			8					
	9	1		5			3	6

Puzzle #13

				7				4
3			2		1			
	2			9			8	
6			5					
		5				3		7
				8				
			6			2	4	8
		2		3			5	6
7					4			

Puzzle #14

					9	3		5
		1					7	
9	8			5				
4			1	3	5	9		
		5			8			
						6		7
7	5			6				
		4					3	
				4			2	

Puzzle #15

6	7		1		8	3		
							8	
	2			5				6
4	5		8		6			
			3	7				4
	1							
		3					5	
5			9			6		1
	6	9					4	

Puzzle #16

				4		5		
8		6						4
			1	5				
9					1	2		
7			5					
6	4							7
	3					1		9
					2	8		
2				7				

Puzzle #17

	9	3		8				
8					5			4
		4						7
	8	1						
9	2		1					
					4		9	2
			9				3	
				6		2		
5		2				7		

Puzzle #18

2			6	1	7	5		
6							9	
1	5			4		8		6
		6	2				8	3
					6			
	1			5	8		7	9
7		8		9	5			2
				6				8
9	3	5		2	4	1		

Puzzle #19

		9	4					3
		7						
2			3				5	
6	1						3	
	9				6		2	
5			7		3			4
		5			8			
				5		8		
	4					7	9	

Puzzle #20

	2					4		
9			1	4				7
		3	9					
		9	6					2
	5		3					6
6			8			5	4	
4		8			3	2		
		5		7				
							7	

Puzzle #21

2	3		6			4		
					5		1	
9		5		2	4			
	8				6	1		
4		9				5		
					3			
		4	8			6		9
		7	1				8	

Puzzle #22

1							9	
5								6
	8				3	7		5
	2		4				7	
				1	9	3		
					8	6		
		6	9			2		
9	3				6	1	4	
				3	7			

Puzzle #23

		6						
5			7		4	3		
	2		3	5				
9				2		1		
				8			6	3
		7			6		2	
								8
7	9	2			5			
6				9				5

Puzzle #24

2					8		7	3
	8					5		
			6		7		8	
			7				1	
		6			5			
	9				4	8		
				7	1		9	2
	3	9		4				5
	2							

Puzzle #25

		2		3			6	
1				4		7		
		8	2		6		5	
		3						
4	7			9		8		
5			7	8			2	
8	3				4			
			1		3			

Puzzle #26

	7		6		2		3	
4				1				
								8
		7			6			2
	5							
	6			5		3	8	
5		2			4			
9		8		3		6		4
			1			9		

Puzzle #27

9				4			7	
		5			3			
	7		1		9			
			7			5		9
	8			3			6	
			9	6	2	7		
		2		5				
	4				1	8		
			6			2		5

Puzzle #28

3								
						9	2	
							1	7
4			2	9			3	
				6				
	7	6				8		5
		8	6				4	3
		7		4				9
	3		8		1			

Puzzle #29

4						7		
6					4		2	
		8	2					1
	6				2			
	9	3		6		1		
		5					7	
8			3					
	7	1	4					
5							8	2

Puzzle #30

			2					
	2	4		7	9	1		
				3			2	
			8			6		
6				9		5		7
	1		5	4				
8	3						4	
				1				
4					3			6

Puzzle #31

		8	5			9		
1					4	5		
		4					3	
	3				2			4
				9	8		7	3
	7			4				
		1				3		
6					7			2
	2					6		

Puzzle #32

			9		2	7		
3						9		
		1	5				4	
	7							
1		2						
9	6		2		5			1
	2			4	1		6	
7			8	2		4		
	3							

Puzzle #33

			2		4			
	1				9	7		
9	6			1	8			
8				6				2
				3			5	6
3	7							9
	5		3					
	8			2			1	

Puzzle #34

	8			4				2
1					6	8		
				5			3	6
5		8					9	
9	4		5					
			4					3
	9						1	
		2	8					7
		3					6	

Puzzle #35

	2	9	7	8				
			4	6			7	
8			2					9
			8					7
	4					6	8	
		3		5				
			9			1	3	
				2		8		
1		5						2

Puzzle #36

3		9			1	7		
								3
	7		4		3		9	
6		3			7			
				8			5	
7	2		8					
							4	
	6	8	7	5				1

Puzzle #37

		3		5		4	9	
8						3		
	1		2				5	
		2	5			9		
3	4				1			
					5		2	8
			1		8		7	
	6			3				

Puzzle #38

4		2	1					
5					7			
		1	9					2
				7			2	
7	6		5			4		8
		3				6		
				3			7	
			4		9		8	
3						2	4	

Puzzle #39

8	7					9	3	
		1	6			8		
							5	
		4			5		1	
		3			8			
9			3	2				
		7						
4			8					6
	3	9			1	2		

Puzzle #40

			7		2	1	8	
	6		5					4
	4							
		7	3			5		9
		6				4		
							1	3
					8		2	
8			1		3	9		7
				9		8		

Puzzle #41

	1					4	8	
		4						
			3		9	6		
9			6	5	3		2	
	2	7	1				5	
					2			
			9			8		
		5						2
	4	6						7

Puzzle #42

		3			1			
	4	9	6				2	
	7							
	6		4	3			5	
8				7	2	6		
	3			5	8		7	
2						8		
		1					9	3

Puzzle #43

	2	4		5			3	
					2	1		
			7				9	
			2	4				
		8	6					
9	5							3
			5			4		1
				8				
3		7						6

Puzzle #44

	3			1	7			5
	6					7		
		5	9					
5			6			8	4	
	4	1						
7			1				3	2
		8		5		9		
6							1	
2								

Puzzle #45

8		5				2		
			7	9	4		3	
	7	9						
2			8			7		
4		6		1				2
					2	8		7
		2				4	1	
					6	3		

Puzzle #46

		1		2	9		6	
						2		9
5	2		6	7		3		
7		4		8	1	6	3	
1				9	5	4		
			3		6	9	7	
	8		9				4	3
	3	2	1		7			
	1			3		7		

Puzzle #47

	7			9		8		
								9
4				5				3
7								
	8		3				4	6
		1		6				
					9	6		2
5			8				1	
	6		2	4	3			

Puzzle #48

					4	3		
		2				6		
	7							
	2						8	
	1	8		2				5
7			1	6				
			8	5			9	
	5						2	6
		6	4			8		

Puzzle #49

		3		1			9	
								4
		2			6			
1				7	9		4	
6				4				
		9	3		5			2
		4		6				
5		6		3	1			
					7	5	8	

Puzzle #50

			3					7
			5		6			
	6			8		1		3
	8		4		7			
						9	7	
				5				1
					4		2	5
	9	2			1		8	
6	3							

Puzzle #51

			8	2	1			
		3						9
6		4				8		
7			3					2
		1	4				7	
					5			
5						6	4	
			7		8	5		
	4							

Puzzle #52

9	7							
		8	5				9	
							7	6
2				3				
	8		2	4		3		
		1			6			4
			6	5				
	3	9			1	2		8
7								

Puzzle #53

		4		8		3	7	
7								
				6	3		9	
4					8		1	
	8	2						7
		1			9			6
	4		3				8	
					5	2		9
				1				3

Puzzle #54

2			1	7			3	
						5		
4				6				
9						6		
		2	8	3				9
	4				1	2		
	3			4		1		
7							6	5
		8	7	1				

Puzzle #55

		6	2		4			
			6					1
4							8	
	8				9			5
7		5	3	4		2	1	
		2						
9							2	
	7	4				9		
	3			5				

Puzzle #56

1							4	7
					9	2		1
	2	9		7				
2	7				5	1		
			8					9
						8	6	
			9					
3				1				6
7		6	3		4			

Puzzle #57

					4			
		9					1	
			2	6		7		
		4	8	2			3	
5					9	6		4
		8	7			9		
							2	1
3			5					6
	5		4		2			

Puzzle #58

	2		3			5		7
	3		6		5			
9	8					3		
		9					6	
				7				3
7	1	6						8
		3		1				
								2
	7		5	4				

Puzzle #59

	7				6	5		
9		5	2	3	7			1
		1		9	4	2	7	3
8	6				2			7
3						4	8	5
7			3	1	8		2	
					1	7	5	
			8	2		1		6
		6	7			9		

Puzzle #60

	5		6		1		8	
				7				2
7	4						6	
1			9	2			7	
		3			4		5	
	7						4	
		1						9
6								
5	9		2	6				

Puzzle #61

	5	2				7	4	
				3				
4				6		8	9	
	7				8			9
							3	
		5		4	1		6	
7		1		9				
	9		6	5				
					4			

Puzzle #62

		8						5
			7	4				
		9			3		7	
			4	2			3	
2						9		
	7			6		4		1
	2				8		6	
		4		9				
	6							2

Puzzle #63

						6	9	
	2			5	6	4		
		4		7				
5				9			3	7
		7		6				
						2		
	7			3				
	9		1		8		4	
		8						1

Puzzle #64

		4	8					1
				2	7		5	
5	7		3					6
7							6	
	1				5		8	
	9		6					
			5				1	
		2	4		1	7		
				3		8		

Puzzle #65

				5	1			2
					2	1		8
2					9			
	3					6		
		5		8			9	7
	6	9	7				1	
	8		3				7	
3								9
	9							

Puzzle #66

	4							2
6			7		3	9		
			5			8		
						1	5	6
	8	5	3					
1	6						2	
	9		6					
					1	2		
3				9		5	1	

Puzzle #67

9						2		
			5		1		8	9
6	3							5
			1			8		
		1				7		
8	2		7				9	
					4			
	5	4		3				
		3				5		4

Puzzle #68

		6			8	2		
	8			1			4	
		2	4					
				9	3			
			2					
	1	4				3		
	3	5					1	6
				7	1			9
6			3			8		

Puzzle #69

			9				7	
5		8			4			9
				5	8			3
	3		2					
	2			9				1
6	7				1			
				4				7
9							2	
1						4	5	

Puzzle #70

4	9					5		
5		6			9			2
		7	8					
6					1		5	
			4		5	8		
	3			7				9
					7			3
1								
8	5		3					

Puzzle #71

			9				6	1
				7	6	5	9	
				4				
	6			9				
	1			3	7		5	
						3	2	
8		7					1	
								9
3		9			5			2

Puzzle #72

			8	9			5	
3								
	8	7		1	3			2
7	9						8	
6				3		1		
2								9
				4				8
					2		7	
	3		1	6			9	

Puzzle #73

8	1			6				5
					5	2	3	
			7	2	9		1	
		6			4			9
			8					2
	4			3		6		
							7	
4		5	3					
	3	1						

Puzzle #74

					4			
			7			5		
5		8						6
		3					4	1
			6	1				2
		7			3	9		
6				9	8		1	
		2					9	
8				6	1	4		

Puzzle #75

			4					1
			2	9		6		
	2	1				3		
				5			7	
	7					9		4
		4	9				3	
2		8	1					
		6		4				2
		3		7				

Puzzle #76

	5		2					
				3				
				5		8		3
				6				
	3	2						9
8		1		7				2
		7	6	1			5	
5	1	9				2		4
					9		7	

Puzzle #77

	3	2			1			7
	8		3					
			7		9	1		
		7	2					5
6								
				7				4
			8				1	
5							4	3
					6	9	2	

Puzzle #78

			1			6		
		6						
	8	5			3		7	
9	7						4	
				2			6	
		3	8					
		7		6	9	1	3	
	9			1				4
	4		2					

Puzzle #79

			5		1		3	
3						2		
4	6		3		9	1		
					3	5		
					5		7	8
				8		4		
		2					9	
				9	2			
	3	1	4			8		

Puzzle #80

						9		
3				6	8			
6		5	3	9				7
4								
8							5	
			6	1	3			
	4				2			3
	8		5		6	1		2
		2					7	8

Puzzle #81

		4	5		9			
3								1
9			6		7	3		4
7			1			4		
		8						2
2					6		9	
	5		9					
		6	3				1	
				6	5			

Puzzle #82

4					9			
6	7			5	3			
2					1	5		9
	8		2	1			4	
		1	3					
								6
			6					
		3		7		9	2	
		2				7		1

Puzzle #83

					7	1		
		9	2	4			5	8
8	1							
	8			1				7
2	3			5				
							9	
	5		9			7		
	7	2			3		4	
1							3	

Puzzle #84

6			8					7
							8	
			5	6		2	4	
		1	6		9	8		
8		9		2		6		1
				1		5		
	5	3	2					
		6	3					9

Puzzle #85

5								9
	2			8		1		
8		3			7			
7								
	4				3	2		
			6	4			3	
		1	9				7	5
		8		5		9		
2						3		

Puzzle #86

		3		1		4		
8			2		5			
5	1			7			6	
7	5			2				
	8							
2				6			1	
			3				5	
		2						3
			4					9

Puzzle #87

		9			5		2	
		4			6			
	3		4			7		9
	2							
				1			4	
5		3			2			
8			7		1			
				3			6	
	6		5					2

Puzzle #88

							3	
2	9	6					7	
	3			4			8	5
			1			9	2	
	6	9				4		
4					5			
			2	1	7			
	2	4	8					
6	1							

Puzzle #89

		2					5	
	4			7		1	6	
6					5			
9	8	1	4					
4								5
			6	8				
	1		2					3
	9				4		1	
		7					9	

Puzzle #90

1			4	2		5		
						8		
	9	7						
2			1				7	4
8						6		
		4		5				1
6		9	2	3				
		5	6		1	4		
			9				3	

Puzzle #91

4			8					9
2				6	5			
			1					5
	8		4			9		
		3						8
5							6	2
3		6	9			5		
				4				
		8		2			7	

Puzzle #92

	7					3		2
6		1		2				
9				8			6	
					4	8	9	
	1			3	2			
			6					1
		5		6				
				9		4	2	3
		7			1		5	

Puzzle #93

								6
9	8	6		4				7
	5					3		
3			2					
			6	9			1	2
					8			
	4						6	
				1		4		
7		2	9					

Puzzle #94

		5		1	7	6		
		8		4				
2								
					5		2	8
3			9					
	4					3	7	
7	9					1		
6								
			6			7	4	5

Puzzle #95

		3				2		
7					8			
				4		5	8	
	9				3			4
				2				
		8		1	4		6	
				9		7		
2					7			
3						8	4	1

Puzzle #96

				7	1		2	5
			3					
	9		2					8
	6							
8		3	6					7
	1	9				2		
9	7	5				1		
		2				4	7	
		8			6			

Puzzle #97

8	2					5		
	1				6			7
3	6		2				1	
5	3					9	6	1
				8				
2								5
			7	5				
				9	4	8	5	

Puzzle #98

				1				
	8	7	2					5
6			5			2		
						9	4	
				6				2
7	1							
			4				5	8
			7		3	4		
	6	2			8			7

Puzzle #99

		1				7		
	9				8			
		7	6			4		
	1			8	7		3	
6								9
						1		4
				4				
3			9		2			
		5				6	1	

Puzzle #100

2	3					7		
					8			
	9						4	2
		6				3	5	
7			3					
				2	5	6		
					9	5		6
	1		7					
3		4	6					

Puzzle # 1

5	2	1	6	8	4	7	3	9
6	9	4	2	7	3	8	1	5
7	8	3	9	1	5	4	2	6
2	6	8	4	5	7	3	9	1
9	3	7	1	2	8	5	6	4
1	4	5	3	9	6	2	7	8
3	5	2	8	6	9	1	4	7
4	7	6	5	3	1	9	8	2
8	1	9	7	4	2	6	5	3

Puzzle # 2

6	2	7	9	1	3	8	4	5
5	1	9	7	8	4	6	2	3
8	4	3	6	5	2	7	1	9
7	8	1	4	6	9	3	5	2
2	3	4	5	7	8	1	9	6
9	5	6	2	3	1	4	8	7
1	6	8	3	2	5	9	7	4
3	9	5	1	4	7	2	6	8
4	7	2	8	9	6	5	3	1

Puzzle # 3

5	2	8	1	6	7	4	3	9
7	6	1	9	4	3	5	8	2
4	9	3	2	8	5	6	1	7
3	4	5	8	7	2	9	6	1
9	8	7	5	1	6	3	2	4
2	1	6	4	3	9	7	5	8
1	5	4	6	9	8	2	7	3
8	7	2	3	5	4	1	9	6
6	3	9	7	2	1	8	4	5

Puzzle # 4

7	6	8	4	1	5	3	9	2
3	5	1	8	2	9	7	6	4
2	4	9	3	6	7	8	1	5
8	1	5	9	7	2	4	3	6
4	2	3	6	8	1	5	7	9
9	7	6	5	3	4	2	8	1
5	8	7	2	9	6	1	4	3
1	9	4	7	5	3	6	2	8
6	3	2	1	4	8	9	5	7

Puzzle # 5

9	4	1	3	8	7	6	2	5
3	2	8	6	1	5	9	7	4
6	7	5	9	2	4	3	1	8
5	3	7	2	4	6	1	8	9
8	6	4	1	3	9	7	5	2
2	1	9	7	5	8	4	3	6
4	9	3	5	7	2	8	6	1
7	8	2	4	6	1	5	9	3
1	5	6	8	9	3	2	4	7

Puzzle # 6

6	5	8	4	3	7	1	9	2
4	9	3	6	1	2	7	8	5
1	7	2	9	5	8	4	6	3
3	8	9	2	6	4	5	7	1
2	6	1	5	7	3	8	4	9
5	4	7	1	8	9	2	3	6
7	2	6	8	9	5	3	1	4
9	3	5	7	4	1	6	2	8
8	1	4	3	2	6	9	5	7

Puzzle # 7

9	1	2	5	6	7	4	3	8
7	6	3	8	9	4	1	2	5
8	4	5	3	1	2	7	9	6
1	5	6	9	2	8	3	4	7
2	8	7	6	4	3	5	1	9
4	3	9	7	5	1	8	6	2
6	7	4	2	3	5	9	8	1
5	9	1	4	8	6	2	7	3
3	2	8	1	7	9	6	5	4

Puzzle # 8

4	1	2	5	3	9	7	6	8
3	9	7	6	8	4	2	1	5
8	6	5	2	1	7	9	3	4
7	8	9	3	6	5	1	4	2
5	2	6	4	7	1	3	8	9
1	4	3	8	9	2	5	7	6
2	5	8	1	4	3	6	9	7
6	7	1	9	2	8	4	5	3
9	3	4	7	5	6	8	2	1

Puzzle # 9

8	6	7	9	4	5	2	1	3
2	3	1	7	6	8	5	4	9
9	5	4	1	3	2	8	7	6
4	1	9	2	8	7	6	3	5
7	2	6	3	5	4	1	9	8
5	8	3	6	1	9	4	2	7
3	7	8	4	2	6	9	5	1
6	9	2	5	7	1	3	8	4
1	4	5	8	9	3	7	6	2

Puzzle # 10

8	2	1	9	6	4	7	5	3
9	4	5	8	7	3	6	2	1
7	3	6	5	2	1	9	4	8
3	5	7	1	9	2	8	6	4
4	1	2	6	3	8	5	7	9
6	8	9	7	4	5	3	1	2
1	6	4	3	8	7	2	9	5
2	7	3	4	5	9	1	8	6
5	9	8	2	1	6	4	3	7

Puzzle # 11

4	1	3	8	7	2	6	5	9
6	2	5	4	1	9	8	3	7
8	7	9	5	6	3	4	2	1
7	5	6	1	2	4	3	9	8
9	4	8	3	5	7	2	1	6
1	3	2	9	8	6	7	4	5
2	9	1	6	3	8	5	7	4
5	8	7	2	4	1	9	6	3
3	6	4	7	9	5	1	8	2

Puzzle # 12

8	5	2	3	7	9	4	6	1
1	3	4	6	2	8	5	7	9
6	7	9	5	1	4	3	8	2
9	2	7	1	8	5	6	4	3
5	4	6	9	3	2	7	1	8
3	1	8	7	4	6	9	2	5
7	8	5	2	6	3	1	9	4
4	6	3	8	9	1	2	5	7
2	9	1	4	5	7	8	3	6

Puzzle # 13

5	6	9	3	7	8	1	2	4
3	4	8	2	6	1	5	7	9
1	2	7	4	9	5	6	8	3
6	7	4	5	1	3	8	9	2
8	1	5	9	4	2	3	6	7
2	9	3	7	8	6	4	1	5
9	3	1	6	5	7	2	4	8
4	8	2	1	3	9	7	5	6
7	5	6	8	2	4	9	3	1

Puzzle # 14

6	4	2	7	8	9	3	1	5
5	3	1	4	2	6	8	7	9
9	8	7	3	5	1	2	6	4
4	7	6	1	3	5	9	8	2
2	9	5	6	7	8	1	4	3
3	1	8	2	9	4	6	5	7
7	5	3	8	6	2	4	9	1
8	2	4	9	1	7	5	3	6
1	6	9	5	4	3	7	2	8

Puzzle # 15

6	7	4	1	9	8	3	2	5
9	3	5	4	6	2	1	8	7
8	2	1	7	5	3	4	9	6
4	5	7	8	2	6	9	1	3
2	9	8	3	7	1	5	6	4
3	1	6	5	4	9	8	7	2
7	8	3	6	1	4	2	5	9
5	4	2	9	8	7	6	3	1
1	6	9	2	3	5	7	4	8

Puzzle # 16

1	9	2	6	4	7	5	3	8
8	5	6	2	9	3	7	1	4
3	7	4	1	5	8	6	9	2
9	8	5	7	3	1	2	4	6
7	2	3	5	6	4	9	8	1
6	4	1	8	2	9	3	5	7
5	3	7	4	8	6	1	2	9
4	6	9	3	1	2	8	7	5
2	1	8	9	7	5	4	6	3

Puzzle # 17

1	9	3	4	8	7	5	2	6
8	7	6	2	9	5	3	1	4
2	5	4	6	1	3	9	8	7
4	8	1	5	2	9	6	7	3
9	2	7	1	3	6	8	4	5
6	3	5	8	7	4	1	9	2
7	6	8	9	5	2	4	3	1
3	4	9	7	6	1	2	5	8
5	1	2	3	4	8	7	6	9

Puzzle # 18

2	8	9	6	1	7	5	3	4
6	4	3	5	8	2	7	9	1
1	5	7	3	4	9	8	2	6
5	9	6	2	7	1	4	8	3
8	7	4	9	3	6	2	1	5
3	1	2	4	5	8	6	7	9
7	6	8	1	9	5	3	4	2
4	2	1	7	6	3	9	5	8
9	3	5	8	2	4	1	6	7

Puzzle # 19

8	5	9	4	6	1	2	7	3
4	3	7	2	9	5	6	8	1
2	6	1	3	8	7	4	5	9
6	1	4	8	2	9	5	3	7
7	9	3	5	4	6	1	2	8
5	8	2	7	1	3	9	6	4
9	2	5	1	7	8	3	4	6
3	7	6	9	5	4	8	1	2
1	4	8	6	3	2	7	9	5

Puzzle # 20

5	2	1	7	3	8	4	6	9
9	8	6	1	4	5	3	2	7
7	4	3	9	2	6	1	5	8
8	3	9	6	5	4	7	1	2
2	5	4	3	1	7	9	8	6
6	1	7	8	9	2	5	4	3
4	7	8	5	6	3	2	9	1
1	6	5	2	7	9	8	3	4
3	9	2	4	8	1	6	7	5

Puzzle # 21

2	3	8	6	1	7	4	9	5
7	4	6	9	8	5	3	1	2
9	1	5	3	2	4	8	7	6
5	8	3	2	9	6	1	4	7
4	2	9	7	3	1	5	6	8
6	7	1	5	4	8	9	2	3
8	9	2	4	6	3	7	5	1
1	5	4	8	7	2	6	3	9
3	6	7	1	5	9	2	8	4

Puzzle # 22

1	7	2	6	5	4	8	9	3
5	9	3	7	8	2	4	1	6
6	8	4	1	9	3	7	2	5
3	2	8	4	6	5	9	7	1
7	6	5	2	1	9	3	8	4
4	1	9	3	7	8	6	5	2
8	5	6	9	4	1	2	3	7
9	3	7	5	2	6	1	4	8
2	4	1	8	3	7	5	6	9

Puzzle # 23

3	7	6	2	1	9	8	5	4
5	1	8	7	6	4	3	9	2
4	2	9	3	5	8	7	1	6
9	6	4	5	2	3	1	8	7
2	5	1	9	8	7	4	6	3
8	3	7	1	4	6	5	2	9
1	4	5	6	7	2	9	3	8
7	9	2	8	3	5	6	4	1
6	8	3	4	9	1	2	7	5

Puzzle # 24

2	1	4	9	5	8	6	7	3
6	8	7	4	1	3	5	2	9
9	5	3	6	2	7	4	8	1
8	4	5	7	3	9	2	1	6
1	7	6	2	8	5	9	3	4
3	9	2	1	6	4	8	5	7
4	6	8	5	7	1	3	9	2
7	3	9	8	4	2	1	6	5
5	2	1	3	9	6	7	4	8

Puzzle # 25

3	9	4	5	6	7	2	8	1
7	8	2	9	3	1	5	6	4
1	6	5	8	4	2	7	3	9
9	1	8	2	7	6	4	5	3
2	5	3	4	1	8	6	9	7
4	7	6	3	9	5	8	1	2
5	4	1	7	8	9	3	2	6
8	3	9	6	2	4	1	7	5
6	2	7	1	5	3	9	4	8

Puzzle # 26

1	7	9	6	8	2	4	3	5
4	8	5	3	1	9	2	6	7
6	2	3	4	7	5	1	9	8
3	9	7	8	4	6	5	1	2
8	5	1	2	9	3	7	4	6
2	6	4	7	5	1	3	8	9
5	3	2	9	6	4	8	7	1
9	1	8	5	3	7	6	2	4
7	4	6	1	2	8	9	5	3

Puzzle # 27

9	2	8	5	4	6	3	7	1
6	1	5	8	7	3	9	2	4
3	7	4	1	2	9	6	5	8
2	6	3	7	1	8	5	4	9
7	8	9	4	3	5	1	6	2
4	5	1	9	6	2	7	8	3
8	9	2	3	5	7	4	1	6
5	4	6	2	9	1	8	3	7
1	3	7	6	8	4	2	9	5

Puzzle # 28

3	6	9	7	1	2	4	5	8
7	5	1	4	8	3	9	2	6
8	4	2	9	5	6	3	1	7
4	8	5	2	9	7	6	3	1
1	9	3	5	6	8	2	7	4
2	7	6	1	3	4	8	9	5
5	1	8	6	2	9	7	4	3
6	2	7	3	4	5	1	8	9
9	3	4	8	7	1	5	6	2

Puzzle # 29

4	1	2	6	8	9	7	3	5
6	5	7	1	3	4	9	2	8
9	3	8	2	7	5	6	4	1
7	6	4	5	1	2	8	9	3
2	9	3	8	6	7	1	5	4
1	8	5	9	4	3	2	7	6
8	2	9	3	5	6	4	1	7
3	7	1	4	2	8	5	6	9
5	4	6	7	9	1	3	8	2

Puzzle # 30

1	8	3	2	5	4	7	6	9
5	2	4	6	7	9	1	3	8
9	6	7	1	3	8	4	2	5
3	5	9	8	2	7	6	1	4
6	4	2	3	9	1	5	8	7
7	1	8	5	4	6	3	9	2
8	3	5	7	6	2	9	4	1
2	9	6	4	1	5	8	7	3
4	7	1	9	8	3	2	5	6

Puzzle # 31

7	6	8	5	2	3	9	4	1
1	9	3	8	7	4	5	2	6
2	5	4	9	1	6	7	3	8
8	3	6	7	5	2	1	9	4
4	1	5	6	9	8	2	7	3
9	7	2	3	4	1	8	6	5
5	4	1	2	6	9	3	8	7
6	8	9	1	3	7	4	5	2
3	2	7	4	8	5	6	1	9

Puzzle # 32

6	4	8	9	1	2	7	5	3
3	5	7	6	8	4	9	1	2
2	9	1	5	3	7	8	4	6
5	7	3	1	6	8	2	9	4
1	8	2	4	9	3	6	7	5
9	6	4	2	7	5	3	8	1
8	2	9	3	4	1	5	6	7
7	1	5	8	2	6	4	3	9
4	3	6	7	5	9	1	2	8

Puzzle # 33

7	9	8	2	5	4	6	3	1
6	2	4	1	7	3	9	8	5
5	1	3	6	8	9	7	2	4
9	6	2	5	1	8	3	4	7
8	3	5	4	6	7	1	9	2
1	4	7	9	3	2	8	5	6
3	7	1	8	4	5	2	6	9
2	5	6	3	9	1	4	7	8
4	8	9	7	2	6	5	1	3

Puzzle # 34

3	8	6	7	4	9	1	5	2
1	5	4	3	2	6	8	7	9
7	2	9	1	5	8	4	3	6
5	3	8	2	6	1	7	9	4
9	4	7	5	8	3	6	2	1
2	6	1	4	9	7	5	8	3
4	9	5	6	7	2	3	1	8
6	1	2	8	3	5	9	4	7
8	7	3	9	1	4	2	6	5

Puzzle # 35

6	2	9	7	8	5	4	1	3
3	5	1	4	6	9	2	7	8
8	7	4	2	1	3	5	6	9
9	1	6	8	4	2	3	5	7
5	4	2	3	9	7	6	8	1
7	8	3	1	5	6	9	2	4
2	6	8	9	7	4	1	3	5
4	3	7	5	2	1	8	9	6
1	9	5	6	3	8	7	4	2

Puzzle # 36

3	4	9	5	2	1	7	8	6
5	1	6	9	7	8	4	2	3
8	7	2	4	6	3	1	9	5
6	5	3	2	4	7	9	1	8
1	8	4	3	9	5	6	7	2
2	9	7	1	8	6	3	5	4
7	2	1	8	3	4	5	6	9
9	3	5	6	1	2	8	4	7
4	6	8	7	5	9	2	3	1

Puzzle # 37

2	7	3	8	5	6	4	9	1
8	9	5	4	1	7	3	6	2
4	1	6	2	9	3	8	5	7
1	8	2	5	7	4	9	3	6
6	5	7	3	8	9	2	1	4
3	4	9	6	2	1	7	8	5
7	3	1	9	4	5	6	2	8
9	2	4	1	6	8	5	7	3
5	6	8	7	3	2	1	4	9

Puzzle # 38

4	9	2	1	8	5	7	6	3
5	3	8	6	2	7	1	9	4
6	7	1	9	4	3	8	5	2
8	1	4	3	7	6	9	2	5
7	6	9	5	1	2	4	3	8
2	5	3	8	9	4	6	1	7
9	4	6	2	3	8	5	7	1
1	2	7	4	5	9	3	8	6
3	8	5	7	6	1	2	4	9

Puzzle # 39

8	7	6	5	1	2	9	3	4
5	9	1	6	4	3	8	7	2
3	4	2	7	8	9	6	5	1
2	6	4	9	7	5	3	1	8
7	5	3	1	6	8	4	2	9
9	1	8	3	2	4	7	6	5
1	8	7	2	9	6	5	4	3
4	2	5	8	3	7	1	9	6
6	3	9	4	5	1	2	8	7

Puzzle # 40

5	3	9	7	4	2	1	8	6
2	6	8	5	3	1	7	9	4
7	4	1	6	8	9	3	5	2
1	8	7	3	2	4	5	6	9
3	2	6	9	1	5	4	7	8
4	9	5	8	7	6	2	1	3
9	7	3	4	5	8	6	2	1
8	5	2	1	6	3	9	4	7
6	1	4	2	9	7	8	3	5

Puzzle # 41

5	1	9	7	2	6	4	8	3
3	6	4	5	8	1	2	7	9
2	7	8	3	4	9	6	1	5
9	8	1	6	5	3	7	2	4
6	2	7	1	9	4	3	5	8
4	5	3	8	7	2	9	6	1
7	3	2	9	1	5	8	4	6
8	9	5	4	6	7	1	3	2
1	4	6	2	3	8	5	9	7

Puzzle # 42

6	2	3	7	4	1	9	8	5
5	4	9	6	8	3	1	2	7
7	1	8	9	2	5	3	6	4
3	7	5	8	1	6	2	4	9
1	6	2	4	3	9	7	5	8
8	9	4	5	7	2	6	3	1
9	3	6	1	5	8	4	7	2
2	5	7	3	9	4	8	1	6
4	8	1	2	6	7	5	9	3

Puzzle # 43

1	2	4	9	5	8	6	3	7
5	7	9	3	6	2	1	8	4
6	8	3	7	1	4	5	9	2
7	3	1	2	4	5	9	6	8
2	4	8	6	9	3	7	1	5
9	5	6	8	7	1	2	4	3
8	9	2	5	3	6	4	7	1
4	6	5	1	8	7	3	2	9
3	1	7	4	2	9	8	5	6

Puzzle # 44

9	3	2	8	1	7	4	6	5
1	6	4	2	3	5	7	8	9
8	7	5	9	4	6	1	2	3
5	2	9	6	7	3	8	4	1
3	4	1	5	2	8	6	9	7
7	8	6	1	9	4	5	3	2
4	1	8	3	5	2	9	7	6
6	5	3	7	8	9	2	1	4
2	9	7	4	6	1	3	5	8

Puzzle # 45

8	9	5	6	3	1	2	7	4
3	4	7	5	2	8	1	9	6
6	2	1	7	9	4	5	3	8
1	7	9	2	4	5	6	8	3
2	5	3	8	6	9	7	4	1
4	8	6	3	1	7	9	5	2
9	3	4	1	5	2	8	6	7
7	6	2	9	8	3	4	1	5
5	1	8	4	7	6	3	2	9

Puzzle # 46

3	4	1	5	2	9	8	6	7
8	7	6	4	1	3	2	5	9
5	2	9	6	7	8	3	1	4
7	9	4	2	8	1	6	3	5
1	6	3	7	9	5	4	8	2
2	5	8	3	4	6	9	7	1
6	8	7	9	5	2	1	4	3
4	3	2	1	6	7	5	9	8
9	1	5	8	3	4	7	2	6

Puzzle # 47

6	7	3	4	9	2	8	5	1
2	5	8	7	3	1	4	6	9
4	1	9	6	5	8	7	2	3
7	2	6	1	8	4	9	3	5
9	8	5	3	2	7	1	4	6
3	4	1	9	6	5	2	8	7
8	3	4	5	1	9	6	7	2
5	9	2	8	7	6	3	1	4
1	6	7	2	4	3	5	9	8

Puzzle # 48

5	6	9	2	1	4	3	7	8
1	8	2	5	3	7	6	4	9
3	7	4	6	8	9	5	1	2
6	2	3	9	4	5	1	8	7
4	1	8	7	2	3	9	6	5
7	9	5	1	6	8	2	3	4
2	4	1	8	5	6	7	9	3
8	5	7	3	9	1	4	2	6
9	3	6	4	7	2	8	5	1

Puzzle # 49

8	6	3	7	1	4	2	9	5
9	1	7	2	5	3	8	6	4
4	5	2	8	9	6	1	7	3
1	2	5	6	7	9	3	4	8
6	3	8	1	4	2	7	5	9
7	4	9	3	8	5	6	1	2
2	7	4	5	6	8	9	3	1
5	8	6	9	3	1	4	2	7
3	9	1	4	2	7	5	8	6

Puzzle # 50

1	5	8	3	4	9	2	6	7
7	2	3	5	1	6	4	9	8
4	6	9	7	8	2	1	5	3
2	8	1	4	9	7	5	3	6
3	4	5	1	6	8	9	7	2
9	7	6	2	5	3	8	4	1
8	1	7	9	3	4	6	2	5
5	9	2	6	7	1	3	8	4
6	3	4	8	2	5	7	1	9

Puzzle # 51

9	7	5	8	2	1	3	6	4
1	8	3	5	6	4	7	2	9
6	2	4	9	3	7	8	1	5
7	6	8	3	1	9	4	5	2
3	5	1	4	8	2	9	7	6
4	9	2	6	7	5	1	8	3
5	1	7	2	9	3	6	4	8
2	3	6	7	4	8	5	9	1
8	4	9	1	5	6	2	3	7

Puzzle # 52

9	7	5	3	6	4	8	1	2
1	6	8	5	2	7	4	9	3
4	2	3	9	1	8	5	7	6
2	9	4	1	3	5	6	8	7
6	8	7	2	4	9	3	5	1
3	5	1	7	8	6	9	2	4
8	1	2	6	5	3	7	4	9
5	3	9	4	7	1	2	6	8
7	4	6	8	9	2	1	3	5

Puzzle # 53

6	5	4	9	8	2	3	7	1
7	3	9	1	5	4	6	2	8
1	2	8	7	6	3	5	9	4
4	6	3	5	7	8	9	1	2
9	8	2	6	3	1	4	5	7
5	7	1	4	2	9	8	3	6
2	4	6	3	9	7	1	8	5
3	1	7	8	4	5	2	6	9
8	9	5	2	1	6	7	4	3

Puzzle # 54

2	8	5	1	7	4	9	3	6
3	6	7	2	8	9	5	4	1
4	9	1	5	6	3	7	8	2
9	5	3	4	2	7	6	1	8
1	7	2	8	3	6	4	5	9
8	4	6	9	5	1	2	7	3
5	3	9	6	4	8	1	2	7
7	1	4	3	9	2	8	6	5
6	2	8	7	1	5	3	9	4

Puzzle # 55

8	1	6	2	9	4	3	5	7
3	2	7	6	8	5	4	9	1
4	5	9	7	3	1	6	8	2
6	8	3	1	2	9	7	4	5
7	9	5	3	4	8	2	1	6
1	4	2	5	6	7	8	3	9
9	6	1	4	7	3	5	2	8
5	7	4	8	1	2	9	6	3
2	3	8	9	5	6	1	7	4

Puzzle # 56

1	5	3	2	6	8	9	4	7
6	4	7	5	3	9	2	8	1
8	2	9	4	7	1	6	5	3
2	7	8	6	9	5	1	3	4
5	6	1	8	4	3	7	2	9
9	3	4	1	2	7	8	6	5
4	1	2	9	5	6	3	7	8
3	8	5	7	1	2	4	9	6
7	9	6	3	8	4	5	1	2

Puzzle # 57

7	1	3	9	5	4	2	6	8
2	6	9	3	7	8	4	1	5
4	8	5	2	6	1	7	9	3
6	9	4	8	2	5	1	3	7
5	7	2	1	3	9	6	8	4
1	3	8	7	4	6	9	5	2
9	4	7	6	8	3	5	2	1
3	2	1	5	9	7	8	4	6
8	5	6	4	1	2	3	7	9

Puzzle # 58

6	2	4	3	9	1	5	8	7
1	3	7	6	8	5	9	2	4
9	8	5	4	2	7	3	1	6
3	4	9	8	5	2	7	6	1
8	5	2	1	7	6	4	9	3
7	1	6	9	3	4	2	5	8
4	6	3	2	1	9	8	7	5
5	9	8	7	6	3	1	4	2
2	7	1	5	4	8	6	3	9

Puzzle # 59

2	7	3	1	8	6	5	9	4
9	4	5	2	3	7	8	6	1
6	8	1	5	9	4	2	7	3
8	6	9	4	5	2	3	1	7
3	1	2	6	7	9	4	8	5
7	5	4	3	1	8	6	2	9
4	3	8	9	6	1	7	5	2
5	9	7	8	2	3	1	4	6
1	2	6	7	4	5	9	3	8

Puzzle # 60

2	5	9	6	3	1	4	8	7
3	1	6	4	7	8	5	9	2
7	4	8	5	9	2	1	6	3
1	6	4	9	2	5	3	7	8
8	2	3	7	1	4	9	5	6
9	7	5	3	8	6	2	4	1
4	3	1	8	5	7	6	2	9
6	8	2	1	4	9	7	3	5
5	9	7	2	6	3	8	1	4

Puzzle # 61

6	5	2	1	8	9	7	4	3
8	1	9	4	3	7	6	2	5
4	3	7	2	6	5	8	9	1
3	7	6	5	2	8	4	1	9
1	2	4	9	7	6	5	3	8
9	8	5	3	4	1	2	6	7
7	4	1	8	9	2	3	5	6
2	9	8	6	5	3	1	7	4
5	6	3	7	1	4	9	8	2

Puzzle # 62

7	3	8	9	1	6	2	4	5
6	1	2	7	4	5	3	8	9
4	5	9	2	8	3	1	7	6
1	9	5	4	2	7	6	3	8
2	4	6	8	3	1	9	5	7
8	7	3	5	6	9	4	2	1
9	2	1	3	7	8	5	6	4
5	8	4	6	9	2	7	1	3
3	6	7	1	5	4	8	9	2

Puzzle # 63

7	3	5	4	8	1	6	9	2
1	2	9	3	5	6	4	7	8
6	8	4	9	7	2	5	1	3
5	6	2	8	9	4	1	3	7
8	1	7	2	6	3	9	5	4
9	4	3	5	1	7	2	8	6
4	7	1	6	3	5	8	2	9
3	9	6	1	2	8	7	4	5
2	5	8	7	4	9	3	6	1

Puzzle # 64

9	2	4	8	5	6	3	7	1
6	3	1	9	2	7	4	5	8
5	7	8	3	1	4	2	9	6
7	8	3	1	9	2	5	6	4
2	1	6	7	4	5	9	8	3
4	9	5	6	8	3	1	2	7
3	4	9	5	7	8	6	1	2
8	5	2	4	6	1	7	3	9
1	6	7	2	3	9	8	4	5

Puzzle # 65

7	4	6	8	5	1	9	3	2
9	5	3	6	7	2	1	4	8
2	1	8	4	3	9	7	5	6
1	3	7	9	2	5	6	8	4
4	2	5	1	8	6	3	9	7
8	6	9	7	4	3	2	1	5
6	8	2	3	9	4	5	7	1
3	7	1	5	6	8	4	2	9
5	9	4	2	1	7	8	6	3

Puzzle # 66

5	4	3	1	8	9	6	7	2
6	1	8	7	2	3	9	4	5
9	7	2	5	6	4	8	3	1
7	3	9	2	4	8	1	5	6
2	8	5	3	1	6	4	9	7
1	6	4	9	7	5	3	2	8
4	9	1	6	5	2	7	8	3
8	5	7	4	3	1	2	6	9
3	2	6	8	9	7	5	1	4

Puzzle # 67

9	1	5	4	8	3	2	6	7
4	7	2	5	6	1	3	8	9
6	3	8	9	7	2	4	1	5
3	4	7	1	9	6	8	5	2
5	9	1	3	2	8	7	4	6
8	2	6	7	4	5	1	9	3
7	8	9	2	5	4	6	3	1
1	5	4	6	3	7	9	2	8
2	6	3	8	1	9	5	7	4

Puzzle # 68

1	4	6	9	3	8	2	7	5
7	8	9	5	1	2	6	4	3
3	5	2	4	6	7	9	8	1
2	6	7	1	9	3	4	5	8
8	9	3	2	4	5	1	6	7
5	1	4	7	8	6	3	9	2
9	3	5	8	2	4	7	1	6
4	2	8	6	7	1	5	3	9
6	7	1	3	5	9	8	2	4

Puzzle # 69

3	1	4	9	6	2	8	7	5
5	6	8	7	3	4	2	1	9
7	9	2	1	5	8	6	4	3
8	3	1	2	7	5	9	6	4
4	2	5	6	9	3	7	8	1
6	7	9	4	8	1	5	3	2
2	5	3	8	4	6	1	9	7
9	4	6	5	1	7	3	2	8
1	8	7	3	2	9	4	5	6

Puzzle # 70

4	9	1	7	2	3	5	6	8
5	8	6	1	4	9	7	3	2
3	2	7	8	5	6	1	9	4
6	4	8	2	9	1	3	5	7
7	1	9	4	3	5	8	2	6
2	3	5	6	7	8	4	1	9
9	6	4	5	1	7	2	8	3
1	7	3	9	8	2	6	4	5
8	5	2	3	6	4	9	7	1

Puzzle # 71

4	7	5	9	2	3	8	6	1
1	3	2	8	7	6	5	9	4
9	8	6	5	4	1	2	7	3
5	6	3	2	9	8	1	4	7
2	1	4	6	3	7	9	5	8
7	9	8	1	5	4	3	2	6
8	2	7	3	6	9	4	1	5
6	5	1	4	8	2	7	3	9
3	4	9	7	1	5	6	8	2

Puzzle # 72

4	2	1	8	9	6	7	5	3
3	6	9	7	2	5	8	1	4
5	8	7	4	1	3	9	6	2
7	9	4	2	5	1	3	8	6
6	5	8	9	3	4	1	2	7
2	1	3	6	7	8	5	4	9
1	7	6	5	4	9	2	3	8
9	4	5	3	8	2	6	7	1
8	3	2	1	6	7	4	9	5

Puzzle # 73

8	1	2	4	6	3	7	9	5
9	7	4	1	8	5	2	3	6
6	5	3	7	2	9	4	1	8
3	2	6	5	7	4	1	8	9
5	9	7	8	1	6	3	4	2
1	4	8	9	3	2	6	5	7
2	8	9	6	4	1	5	7	3
4	6	5	3	9	7	8	2	1
7	3	1	2	5	8	9	6	4

Puzzle # 74

7	2	6	1	5	4	3	8	9
3	9	1	7	8	6	5	2	4
5	4	8	9	3	2	1	7	6
9	6	3	5	2	7	8	4	1
4	8	5	6	1	9	7	3	2
2	1	7	8	4	3	9	6	5
6	5	4	3	9	8	2	1	7
1	3	2	4	7	5	6	9	8
8	7	9	2	6	1	4	5	3

Puzzle # 75

9	8	7	4	3	6	5	2	1
4	3	5	2	9	1	6	8	7
6	2	1	7	8	5	3	4	9
3	1	9	6	5	4	2	7	8
5	7	2	3	1	8	9	6	4
8	6	4	9	2	7	1	3	5
2	4	8	1	6	9	7	5	3
7	9	6	5	4	3	8	1	2
1	5	3	8	7	2	4	9	6

Puzzle # 76

4	5	3	2	9	8	7	1	6
1	9	8	7	3	6	4	2	5
2	7	6	4	5	1	8	9	3
9	4	5	8	6	2	1	3	7
7	3	2	1	4	5	6	8	9
8	6	1	9	7	3	5	4	2
3	2	7	6	1	4	9	5	8
5	1	9	3	8	7	2	6	4
6	8	4	5	2	9	3	7	1

Puzzle # 77

9	3	2	4	6	1	8	5	7
7	8	1	3	2	5	4	6	9
4	5	6	7	8	9	1	3	2
3	9	7	2	1	4	6	8	5
6	2	4	9	5	8	3	7	1
8	1	5	6	7	3	2	9	4
2	4	9	8	3	7	5	1	6
5	6	8	1	9	2	7	4	3
1	7	3	5	4	6	9	2	8

Puzzle # 78

7	2	9	1	5	4	6	8	3
4	3	6	7	8	2	5	1	9
1	8	5	6	9	3	4	7	2
9	7	2	5	3	6	8	4	1
8	1	4	9	2	7	3	6	5
5	6	3	8	4	1	2	9	7
2	5	7	4	6	9	1	3	8
6	9	8	3	1	5	7	2	4
3	4	1	2	7	8	9	5	6

Puzzle # 79

7	2	8	5	6	1	9	3	4
3	1	9	8	7	4	2	5	6
4	6	5	3	2	9	1	8	7
6	8	4	7	1	3	5	2	9
1	9	3	2	4	5	6	7	8
2	5	7	9	8	6	4	1	3
5	4	2	6	3	8	7	9	1
8	7	6	1	9	2	3	4	5
9	3	1	4	5	7	8	6	2

Puzzle # 80

1	7	8	2	5	4	9	3	6
3	9	4	7	6	8	2	1	5
6	2	5	3	9	1	8	4	7
4	3	7	9	8	5	6	2	1
8	1	6	4	2	7	3	5	9
2	5	9	6	1	3	7	8	4
9	4	1	8	7	2	5	6	3
7	8	3	5	4	6	1	9	2
5	6	2	1	3	9	4	7	8

Puzzle # 81

6	1	4	5	3	9	8	2	7
3	7	5	2	4	8	9	6	1
9	8	2	6	1	7	3	5	4
7	3	9	1	5	2	4	8	6
5	6	8	4	9	3	1	7	2
2	4	1	7	8	6	5	9	3
4	5	7	9	2	1	6	3	8
8	9	6	3	7	4	2	1	5
1	2	3	8	6	5	7	4	9

Puzzle # 82

4	1	5	7	2	9	6	8	3
6	7	9	8	5	3	4	1	2
2	3	8	4	6	1	5	7	9
9	8	6	2	1	5	3	4	7
7	5	1	3	4	6	2	9	8
3	2	4	9	8	7	1	5	6
1	4	7	6	9	2	8	3	5
5	6	3	1	7	8	9	2	4
8	9	2	5	3	4	7	6	1

Puzzle # 83

4	2	5	8	3	7	1	6	9
7	6	9	2	4	1	3	5	8
8	1	3	5	9	6	4	7	2
9	8	6	3	1	4	5	2	7
2	3	7	6	5	9	8	1	4
5	4	1	7	2	8	6	9	3
3	5	4	9	6	2	7	8	1
6	7	2	1	8	3	9	4	5
1	9	8	4	7	5	2	3	6

Puzzle # 84

6	1	2	8	4	3	9	5	7
3	4	5	9	7	2	1	8	6
9	8	7	5	6	1	2	4	3
2	6	4	1	8	7	3	9	5
5	7	1	6	3	9	8	2	4
8	3	9	4	2	5	6	7	1
4	9	8	7	1	6	5	3	2
1	5	3	2	9	4	7	6	8
7	2	6	3	5	8	4	1	9

Puzzle # 85

5	1	4	3	2	6	7	8	9
6	2	7	4	8	9	1	5	3
8	9	3	5	1	7	6	2	4
7	3	6	2	9	5	4	1	8
1	4	5	8	7	3	2	9	6
9	8	2	6	4	1	5	3	7
4	6	1	9	3	2	8	7	5
3	7	8	1	5	4	9	6	2
2	5	9	7	6	8	3	4	1

Puzzle # 86

9	2	3	6	1	8	4	7	5
8	6	7	2	4	5	9	3	1
5	1	4	9	7	3	2	6	8
7	5	6	1	2	9	3	8	4
4	8	1	5	3	7	6	9	2
2	3	9	8	6	4	5	1	7
1	4	8	3	9	2	7	5	6
6	9	2	7	5	1	8	4	3
3	7	5	4	8	6	1	2	9

Puzzle # 87

1	8	9	3	7	5	6	2	4
2	7	4	1	9	6	3	5	8
6	3	5	4	2	8	7	1	9
4	2	8	9	5	7	1	3	6
7	9	6	8	1	3	2	4	5
5	1	3	6	4	2	9	8	7
8	4	2	7	6	1	5	9	3
9	5	7	2	3	4	8	6	1
3	6	1	5	8	9	4	7	2

Puzzle # 88

8	4	5	7	2	1	6	3	9
2	9	6	5	3	8	1	7	4
7	3	1	6	4	9	2	8	5
3	5	8	1	6	4	9	2	7
1	6	9	3	7	2	4	5	8
4	7	2	9	8	5	3	6	1
9	8	3	2	1	7	5	4	6
5	2	4	8	9	6	7	1	3
6	1	7	4	5	3	8	9	2

Puzzle # 89

1	3	2	9	4	6	8	5	7
5	4	9	8	7	3	1	6	2
6	7	8	1	2	5	4	3	9
9	8	1	4	5	7	3	2	6
4	2	6	3	9	1	7	8	5
7	5	3	6	8	2	9	4	1
8	1	4	2	6	9	5	7	3
2	9	5	7	3	4	6	1	8
3	6	7	5	1	8	2	9	4

Puzzle # 90

1	3	8	4	2	7	5	6	9
4	2	6	5	9	3	8	1	7
5	9	7	8	1	6	2	4	3
2	5	3	1	6	8	9	7	4
8	7	1	3	4	9	6	2	5
9	6	4	7	5	2	3	8	1
6	1	9	2	3	4	7	5	8
3	8	5	6	7	1	4	9	2
7	4	2	9	8	5	1	3	6

Puzzle # 91

4	3	5	8	7	2	6	1	9
2	1	9	3	6	5	7	8	4
8	6	7	1	9	4	2	3	5
1	8	2	4	3	6	9	5	7
6	7	3	2	5	9	1	4	8
5	9	4	7	1	8	3	6	2
3	4	6	9	8	7	5	2	1
7	2	1	5	4	3	8	9	6
9	5	8	6	2	1	4	7	3

Puzzle # 92

8	7	4	9	5	6	3	1	2
6	3	1	4	2	7	9	8	5
9	5	2	1	8	3	7	6	4
2	6	3	5	1	4	8	9	7
7	1	9	8	3	2	5	4	6
5	4	8	6	7	9	2	3	1
4	2	5	3	6	8	1	7	9
1	8	6	7	9	5	4	2	3
3	9	7	2	4	1	6	5	8

Puzzle # 93

4	1	3	5	8	7	2	9	6
9	8	6	3	4	2	1	5	7
2	5	7	1	6	9	3	4	8
3	9	8	2	5	1	6	7	4
5	7	4	6	9	3	8	1	2
6	2	1	4	7	8	9	3	5
1	4	9	8	2	5	7	6	3
8	3	5	7	1	6	4	2	9
7	6	2	9	3	4	5	8	1

Puzzle # 94

4	3	5	2	1	7	6	8	9
9	6	8	5	4	3	2	1	7
2	1	7	8	6	9	5	3	4
1	7	6	4	3	5	9	2	8
3	8	2	9	7	6	4	5	1
5	4	9	1	8	2	3	7	6
7	9	4	3	5	8	1	6	2
6	5	1	7	2	4	8	9	3
8	2	3	6	9	1	7	4	5

Puzzle # 95

4	8	3	9	7	5	2	1	6
7	2	5	1	6	8	4	3	9
9	6	1	3	4	2	5	8	7
6	9	2	5	8	3	1	7	4
1	4	7	6	2	9	3	5	8
5	3	8	7	1	4	9	6	2
8	5	6	4	9	1	7	2	3
2	1	4	8	3	7	6	9	5
3	7	9	2	5	6	8	4	1

Puzzle # 96

3	8	4	9	7	1	6	2	5
5	2	6	3	8	4	7	9	1
7	9	1	2	6	5	3	4	8
2	6	7	1	3	9	8	5	4
8	5	3	6	4	2	9	1	7
4	1	9	8	5	7	2	6	3
9	7	5	4	2	3	1	8	6
6	3	2	5	1	8	4	7	9
1	4	8	7	9	6	5	3	2

Puzzle # 97

8	2	7	1	4	9	5	3	6
4	1	5	8	3	6	2	9	7
3	6	9	2	7	5	4	1	8
5	3	8	4	2	7	9	6	1
7	9	6	5	8	1	3	2	4
2	4	1	9	6	3	7	8	5
9	5	4	3	1	8	6	7	2
6	8	3	7	5	2	1	4	9
1	7	2	6	9	4	8	5	3

Puzzle # 98

5	2	3	6	1	9	7	8	4
9	8	7	2	3	4	6	1	5
6	4	1	5	8	7	2	3	9
2	3	6	8	7	5	9	4	1
8	9	4	3	6	1	5	7	2
7	1	5	9	4	2	8	6	3
3	7	9	4	2	6	1	5	8
1	5	8	7	9	3	4	2	6
4	6	2	1	5	8	3	9	7

Puzzle # 99

2	5	1	3	9	4	7	6	8
4	9	6	7	5	8	3	2	1
8	3	7	6	2	1	4	9	5
5	1	9	4	8	7	2	3	6
6	2	4	1	3	5	8	7	9
7	8	3	2	6	9	1	5	4
1	7	2	5	4	6	9	8	3
3	6	8	9	1	2	5	4	7
9	4	5	8	7	3	6	1	2

Puzzle # 100

2	3	8	5	9	4	7	6	1
4	6	1	2	7	8	9	3	5
5	9	7	1	6	3	8	4	2
9	2	6	8	1	7	3	5	4
7	8	5	3	4	6	1	2	9
1	4	3	9	2	5	6	7	8
8	7	2	4	3	9	5	1	6
6	1	9	7	5	2	4	8	3
3	5	4	6	8	1	2	9	7

www.ingramcontent.com/pod-product-compliance
Lightning Source LLC
Chambersburg PA
CBHW080548220526
45466CB00010B/3071
* 9 7 9 8 5 8 3 6 1 5 1 5 5 *